Experimente a CIÊNCIA 7

3ª edição

HELENI STROEDER
Doutora em Ciências na área de Parasitologia pela Universidade de São Paulo
Bacharel em Ciências Biológicas pela Universidade de São Paulo
Professora de Ciências da rede particular de ensino na cidade de São Paulo

LUCIANA BARÃO ACUÑA
Mestre em Ciências na área de Ecologia: ecossistemas terrestres e aquáticos pela Universidade de São Paulo
Especialista em Gestão Ambiental pelo Centro Universitário SENAC
Bacharel e Licenciada em Ciências Biológicas pela Universidade de São Paulo
Professora de Ciências e Orientadora Educacional da rede particular de ensino na cidade de São Paulo

SIMONE APARECIDA BACIC
Especialista em Ecologia pela Universidade de Guarulhos
Bacharel e Licenciada em Ciências Biológicas pela Universidade de Guarulhos
Professora de Ciências e Biologia da rede particular de ensino na cidade de São Paulo

SUZANA SOUZA SOUTO DE OLIVEIRA
Doutora em Ciências na área de Ciências Morfofuncionais pela Universidade de São Paulo
Fonoaudióloga pela Faculdade de Medicina da Universidade de São Paulo
Professora de Ciências e Coordenadora da área de Ciências da rede particular de ensino na cidade de São Paulo

editora HARBRA

Sumário

Direção Geral: Julio E. Emöd
Supervisão Editorial: Maria Pia Castiglia
Programação Visual e Capa: Mônica Roberta Suguiyama
Fotografias da Capa: Shutterstock
Impressão e Acabamento: Log&Print Gráfica

Experimente a Ciência – 7º ano – 3ª edição

Rua Mauro, 400 – 04055-041 – São Paulo – SP
Tel.: (0.xx.11) 5084-2482. Fax: (0.xx.11) 5575-6876
Endereço eletrônico: www.harbra.com.br

ISBN 978-85-294-0535-3

Impresso no Brasil *Printed in Brazil*

CIP-Brasil. Catalogação na Publicação
SINDICATO NACIONAL DOS EDITORES DE LIVROS, RJ

E96
3. ed.

Experimente a ciência 7 / Heleni Stroeder ... [et al.]. -
3. ed. - São Paulo : HARBRA, 2020.
52 p. : il. ; 28 cm.

ISBN 978-85-294-0535-3

1. Ciências - Estudo e ensino (Ensino Fundamental).
I. Stroeder, Heleni. II. Título.

19-61239 CDD: 372.35
CDU: 373.3.016:5

Leandra Felix da Cruz – Bibliotecária – CRB-7/6135

Apresentação

O ensino de Ciências além de abordar os princípios científicos gerais, que auxiliam na compreensão do funcionamento do mundo ao nosso redor, também trabalha as possíveis aplicações desse conhecimento para o desenvolvimento de novas tecnologias, que visam não apenas facilitar diversos trabalhos realizados pelo ser humano, mas também melhorar sua qualidade de vida. As vivências e os interesses dos estudantes sobre o mundo natural e tecnológico precisam ser valorizados e os alunos devem ser estimulados a propor alternativas de intervenção na sociedade, tudo isso levando em consideração a importância da conservação dos recursos naturais do nosso planeta.

Deixar de lado a transmissão de conteúdo apenas em aulas expositivas e permitir que o aluno se utilize de diferentes ferramentas para aprender com mais autonomia é um dos grandes desafios para a educação nos dias de hoje. Nessa perspectiva, as aulas práticas tornam o laboratório um espaço de desenvolvimento investigativo, onde o aluno pode construir seu conhecimento por meio do método científico.

Conciliar a teoria com a prática é fundamental, pois, além de despertar a curiosidade pela ciência, também possibilita que o aluno participe de maneira mais ativa no seu processo de aprendizagem, permitindo que ele realize observações, faça questionamentos, elabore hipóteses, colete e analise dados para que, a partir da discussão em grupo ou individualmente, seja capaz de chegar a conclusões.

Esta nova edição aborda os temas previstos pela BNCC (Base Nacional Comum Curricular), estimulando o desenvolvimento de diversas competências e habilidades fundamentais para o aluno do sétimo ano, além de trazer outros conteúdos que complementam o aprendizado global em Ciências. O conjunto de práticas propostas neste volume contemplam os três eixos temáticos propostos pela BNCC: *Vida e Evolução* (a diversidade de ecossistemas brasileiros e do reino animal); *Matéria e Energia* (grandezas e medidas, formas de propagação de calor e máquinas simples); *Terra e Universo* (propriedades do ar e efeito estufa).

Boas experiências!

As autoras

Segurança nas aulas práticas

Normas de utilização e segurança:

- Sempre lavar as mãos antes e depois das aulas.
- Não levar alimentos ao laboratório.
- Quando for orientado pelo professor, usar luvas descartáveis para a realização das práticas.
- As substâncias químicas não devem ser cheiradas e nem levadas à boca.
- Caso haja quebra de material, o aluno deverá chamar imediatamente o professor.
- O aluno deverá sempre esperar a orientação do professor antes de realizar o experimento.
- Para sua segurança, nunca introduza objetos nas tomadas.
- Cuide adequadamente do material do laboratório, pois ele é parte integrante de seu aprendizado.
- Leve ao laboratório apenas os materiais que serão utilizados durante a aula (livro de laboratório, lápis e borracha para anotações).

MICROONE/SHUTTERSTOCK

PIXEL-SHOT/SHUTTERSTOCK

Aula 1

UTILIZAÇÃO DE UMA CHAVE DICOTÔMICA

INTRODUÇÃO: As chaves dicotômicas nos auxiliam na identificação de espécies ou grupos de seres vivos. Elas funcionam a partir da observação ou não de determinadas características do ser vivo.

OBJETIVO: Compreender a utilização de uma chave dicotômica para classificação.

MATERIAIS

- ilustrações de seres hipotéticos
- chave dicotômica para esse grupo de seres

PROCEDIMENTO

1 Classificar os seres vivos de A a F, de acordo com algumas características observadas, utilizando uma chave dicotômica:

MAESTRO11/SHUTTERSTOCK

A

MAESTRO11/SHUTTERSTOCK

B

MAESTRO11/SHUTTERSTOCK

C

CHRISTOS GEORGHIOU/SHUTTERSTOCK

D

DASHIKKA/SHUTTERSTOCK

E

SKASKA_I/SHUTTERSTOCK

F

Chave dicotômica – Seres hipotéticos

1.	a) Presença de dois olhos..	vá para número 2
	b) Presença de três olhos..	vá para número 4
2.	a) Presença de braços..	vá para número 3
	b) Ausência de braços..	*Monstrus arrastus*
3.	a) Corpo coberto por pelos..	*Monstrus tetrapus*
	b) Corpo com a pele nua..	*Monstrus peladus*
4.	a) Presença de chifres na cabeça..	*Horrendus bovinis*
	b) Ausência de chifres na cabeça..	vá para número 5
5.	a) Presença de pernas..	*Flocus trioius*
	b) Ausência de pernas..	*Lesis ovalus*

RESULTADOS E CONCLUSÕES

1. A qual espécie pertence cada um dos monstrinhos?

Ser	Espécie
A	
B	
C	
D	
E	
F	

2. Quais das espécies mencionadas no item anterior pertencem ao mesmo gênero?

Aula 2

BIOMAS BRASILEIROS

INTRODUÇÃO: Bioma é um grupo de ecossistemas com características semelhantes como, por exemplo, temperatura, regime de chuvas e tipo de vegetação.

OBJETIVOS

- Reconhecer as principais características dos biomas brasileiros.
- Associar imagens de vegetais e animais representativos da biodiversidade brasileira aos seus respectivos biomas.

MATERIAIS

- imagens da flora e fauna típicas de biomas brasileiros
- informações relacionadas aos biomas
- mapa do Brasil com a divisão de biomas

PROCEDIMENTO

1. Recortar as imagens e informações dos Anexos 1 e 2.
2. Espalhar sobre a bancada as cartas em dois grupos: de imagens voltadas para cima e de informações voltadas para baixo.
3. Pegar uma das informações e procurar no grupo das imagens as cartas correspondentes.
4. Cada aluno deverá separar os trios escolhidos até se esgotarem as cartas.

CONCLUSÃO

Identificar e associar os biomas indicados no mapa ao lado com as cartas dos Anexos 1 e 2.

DISTRIBUIÇÃO ATUAL DA COBERTURA VEGETAL BRASILEIRA

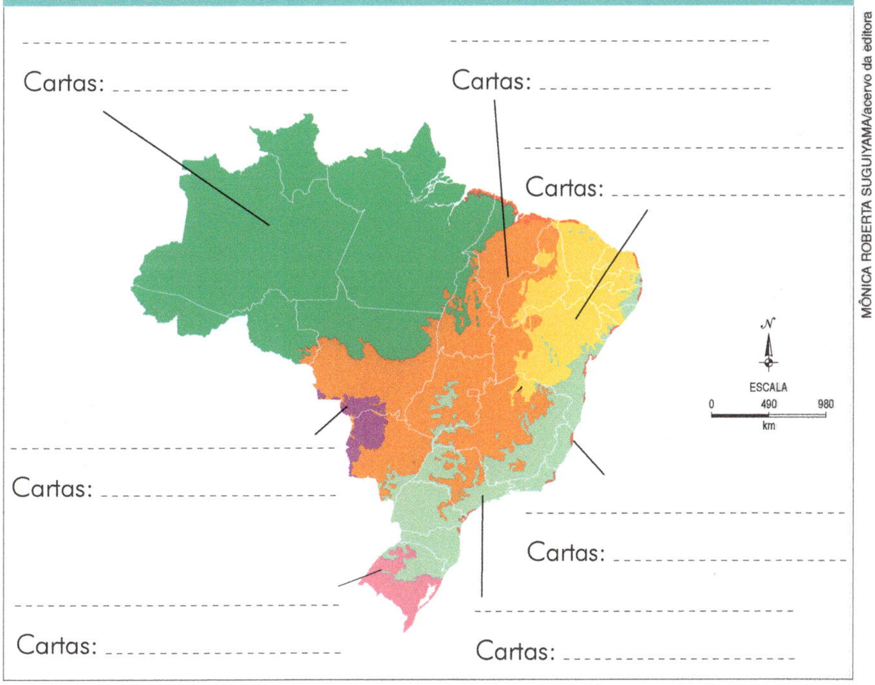

Fonte: <http://www.wwf.org.br>. *Acesso em:* 25 out. 2017. Adaptação.

CADEIA ALIMENTAR

Aula 3

INTRODUÇÃO: Cadeia alimentar é uma sequência de seres vivos que estão conectados por meio de relações alimentares.

OBJETIVO: Reconhecer a dependência entre as populações de plantas, herbívoros e carnívoros e a importância dos decompositores.

MATERIAIS

- fichas indicativas com o nome dos organismos (plantas, capivaras e onças).

PROCEDIMENTO

1. Sortear as fichas entre os alunos e distribuí-los em uma área destinada ao jogo, conforme esquema ao lado.
2. Ao sinal de início do jogo, as plantas devem ficar imóveis.
3. As capivaras devem ficar distantes das plantas, mas ao tocar uma delas significa que encontrou alimento e ambas sairão do jogo.
4. As capivaras devem fugir das onças, mas quando a onça tocar na capivara as duas sairão do jogo.
5. Na nova rodada os pares formados de plantas e capivaras voltarão como capivaras.
6. As duplas de capivaras e onças retornarão como onças.
7. Todos os indivíduos que permaneceram no jogo até o final da rodada voltarão como plantas.

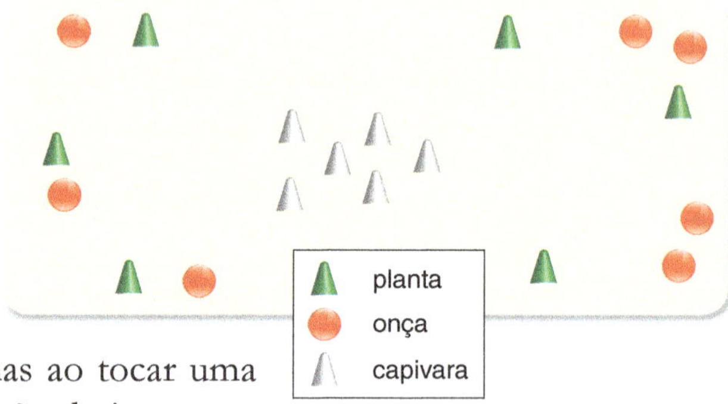

MÔNICA ROBERTA SUGUIYAMA/ SHUTTERSTOCK/Acervo da editora

RESULTADOS

Rodada	Nº de plantas	Nº de capivaras	Nº de onças
1			
2			
3			
4			
5			

CONCLUSÕES

1. Esquematize a cadeia alimentar da dinâmica.

2. Por que os indivíduos que não comeram ou que não serviram de alimento viraram plantas na rodada seguinte?

3. Explique a razão de as capivaras que foram comidas voltarem, na rodada seguinte, como onças.

4. Quais relações ecológicas foram observadas nesse jogo? De que maneira elas influenciam o tamanho das populações desse ecossistema?

COMO CONSTRUIR UM TERRÁRIO

Aula 4

INTRODUÇÃO: Alguns fenômenos, como o ciclo da água, a germinação de sementes, o desenvolvimento de vegetais e até o comportamento de pequenos animais podem ser observados em um terrário, que pode ser considerado um modelo de ecossistema natural.

OBJETIVOS

- Perceber a importância do solo e da irrigação para o desenvolvimento vegetal.
- Diferenciar fatores bióticos de abióticos.
- Compreender o ciclo da água e os componentes de um ecossistema.

MATERIAIS

- recipiente transparente
- terra vegetal, cascalho, areia e água
- sementes e/ou mudas de plantas
- espátula de madeira

PROCEDIMENTO

1. Colocar no recipiente seco uma camada de cascalho, uma de areia e, por último, uma camada de terra.
2. Com a espátula de madeira, fazer pequenos buracos onde serão colocadas as sementes e mudas de plantas.
3. Plantar as mudas e/ou sementes.
4. Umedecer a terra.
5. Fechar o recipiente conforme ilustração ao lado.
6. Fazer a identificação do terrário – colocar a data, o nome do aluno, os tipos de sementes e as mudas plantadas.
7. Colocar em local claro, porém que não receba incidência direta de luz solar.
8. Aguardar 15 dias e registrar o que observou ao longo dos dias.

HELENI STROEDER

RESULTADOS

1. Quais são os componentes bióticos e abióticos presentes em seu terrário?

   BIÓTICOS: ______________________________

   ABIÓTICOS: ______________________________

2. Por que é importante que o terrário fique em local iluminado?

   ____

   ____

   ____

   ____

3. Faça anotações sobre o dia a dia de seu terrário.

   ____

   ____

   ____

   ____

Após os 15 dias responda:

4. Houve necessidade de acrescentar mais água no terrário ao longo dos dias? Justifique.

   ____

   ____

   ____

5. Cite algumas mudanças que ocorreram em cada um dos componentes após cerca de 15 dias. Descreva os resultados observados.

   ____

   ____

   ____

   ____

   ____

CONCLUSÕES

1. Descreva em que aspectos o terrário se assemelha a um ecossistema natural.

____

____

____

____

____

2. Assinale os processos que puderam ser observados nesse ecossistema artificial e complete a tabela:

Processo	Foi observado(a)?	Fatores que influenciaram o processo
Decomposição		
Ciclo da água		
Germinação		

3. Cole aqui a foto do seu terrário ou desenhe-o.

Aula 5

PORÍFEROS, CNIDÁRIOS, PLATELMINTOS E NEMATELMINTOS

INTRODUÇÃO: O reino animal compreende seres vivos heterótrofos, eucariontes e pluricelulares. Os invertebrados constituem o grupo mais amplo dentro do reino animal. Pertencem a esse grupo os animais que não apresentam coluna vertebral.

Os poríferos, conhecidos popularmente como esponjas, são animais com organização corporal simples, sem tecidos nem órgãos. Apresentam uma célula especial chamada porócito, que permite a entrada de água no corpo do animal.

Os cnidários, cujos representantes mais conhecidos são as águas-vivas, são animais aquáticos que apresentam uma célula especial, o cnidócito, que participa na defesa e também na captura de presas. Os cnidários são os primeiros animais a apresentar uma cavidade digestiva.

Os platelmintos são vermes com corpo achatado dorso-ventralmente, que vivem em ambientes aquáticos ou terrestres úmidos, podendo ser de vida livre ou parasitas. Esses animais apresentam simetria bilateral.

Os nematelmintos são vermes de corpo cilíndrico e afilado nas duas pontas. Podem viver em água doce ou salgada, na terra úmida ou parasitando animais ou plantas. São os primeiros animais a apresentar sistema digestório completo.

OBJETIVO: Reconhecer e classificar invertebrados dos seguintes filos:

- Poríferos
- Cnidários
- Platelmintos
- Nematelmintos

MATERIAIS

- diversos invertebrados fixados
- lupas
- microscópio
- lâminas prontas

ATIVIDADE 1

Completar a tabela da página seguinte com as informações que estão faltando.

Filo: Poríferos

Nome: ______________________________

Filo: Cnidários

Nome: ______________________________

Forma de vida: ______________________________

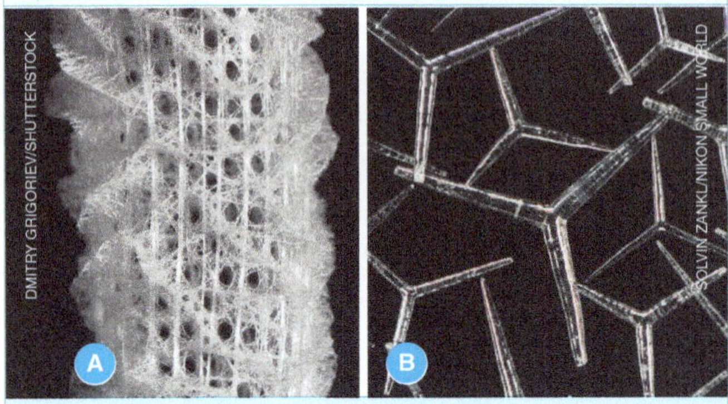

Tipo de esqueleto

A: ______________________________

B: ______________________________

Filo: Cnidários

Nome: ______________________________

Forma de vida: ______________________________

Filo: Cnidários

Nome: ______________________________

Forma de vida: ______________________________

Filo: Cnidários

Nome: ______________________________

Forma de vida: ______________________________

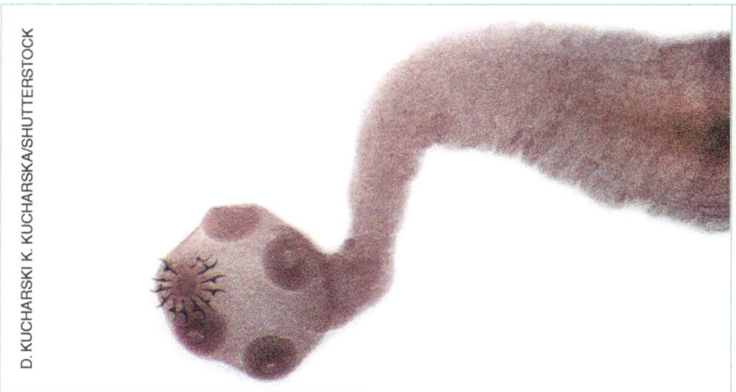
D.KUCHARSKI K. KUCHARSKA/SHUTTERSTOCK

Filo: ______________________________

Nome: ______________________________

Doença: ______________________________

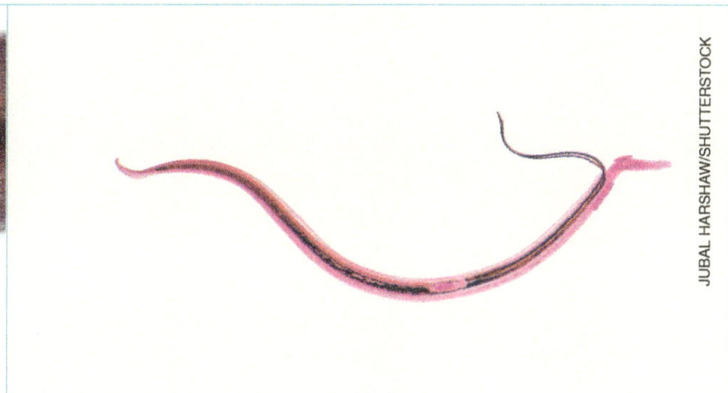
JUBAL HARSHAW/SHUTTERSTOCK

Filo: ______________________________

Nome: ______________________________

Doença: ______________________________

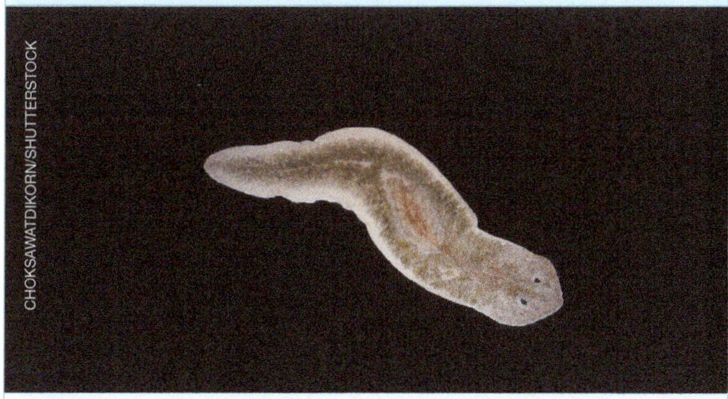
CHOKSAWATDIKORN/SHUTTERSTOCK

Filo: ______________________________

Nome: ______________________________

____

RATTIYA THONGDUMHYU/ SHUTTERSTOCK

Filo: ______________________________

Nome: ______________________________

Doença: ______________________________

ATIVIDADE 2

Preparando a próxima aula...

MATERIAIS

- terra preta
- minhocas
- dois aquários pequenos
- alimento para minhocas
- água
- caixa de papelão
- areia

PROCEDIMENTO

1. Preparar os aquários intercalando camadas de terra preta e areia. Colocar um pouco de água.
2. Em um dos aquários colocar alimento e minhocas, no outro não. Este último aquário será nosso controle.
3. Manter em local escuro (no interior de uma caixa grande de papelão, por exemplo).
4. Aguardar cerca de 15 dias e observar.

ANELÍDEOS

Aula 6

INTRODUÇÃO: Os anelídeos são invertebrados que apresentam segmentação corporal, a metameria. Podemos classificar os anelídeos de acordo com a presença ou não de cerdas.

MATERIAIS

- aquários montados na aula anterior
- minhocas
- lanternas
- bandejas
- exemplares de *Nereis* fixados

OBJETIVOS

- Reconhecer e identificar algumas características das minhocas e sua importância.
- Comparar as diferentes classes de anelídeos.

ATIVIDADE 1

PROCEDIMENTO

1. Observar as minhocas se locomovendo na bandeja e completar o esquema abaixo.

MELINDA FAWVER/SHUTTERSTOCK

ATIVIDADE 2

PROCEDIMENTO

1. Acender uma lanterna próximo à região anterior do animal. Observar sua reação.

CONCLUSÕES

1. Como as minhocas se locomovem?

____

____

2. Descrever o comportamento das minhocas quando acendemos a lanterna. Qual é a importância desse comportamento para a sobrevivência desse animal?

___

___

___

___

ATIVIDADE 3

PROCEDIMENTO

1 Completar a tabela comparando os diferentes anelídeos quanto ao número de cerdas.

 SOLODOV ALEKSEI/SHUTTERSTOCK	 D. KUCHARSKI K. KUCHARSKA/SHUTTERSTOCK	 MIT KAPEVSKI/SHUTTERSTOCK
Classe: ___	Classe: ___	Classe: ___
Cerdas: ___	Cerdas: ___	Cerdas: ___

ATIVIDADE 4

PROCEDIMENTO

1 Observar o minhocário que foi montado na aula anterior.

CONCLUSÃO

Com base em suas observações após os 15 dias, responda:
Qual é o importante papel das minhocas no solo?

___

___

___

___

___

MOLUSCOS

Aula 7

INTRODUÇÃO: Os moluscos são invertebrados de corpo mole, viscoso, dividido em cabeça, massa visceral e pé. Vivem em ambientes terrestres e aquáticos, de água doce ou salgada. A maioria possui uma concha calcária externa.

OBJETIVOS

- Conhecer a anatomia interna de uma lula, identificando os principais órgãos.
- Comparar externamente uma lula e um polvo.
- Comparar conchas de gastrópodes e bivalves.
- Reconhecer estruturas relacionadas à alimentação de alguns moluscos.

MATERIAIS

- lula inteira e em corte longitudinal, mostrando a cavidade do manto
- exemplares de conchas de moluscos gastrópodes e bivalves
- polvo inteiro
- bandejas
- pinças
- lupa estereoscópica
- rádula e bico córneo

ATIVIDADE 1

PROCEDIMENTO

1. Observar a lula cortada longitudinalmente. Completar o esquema.

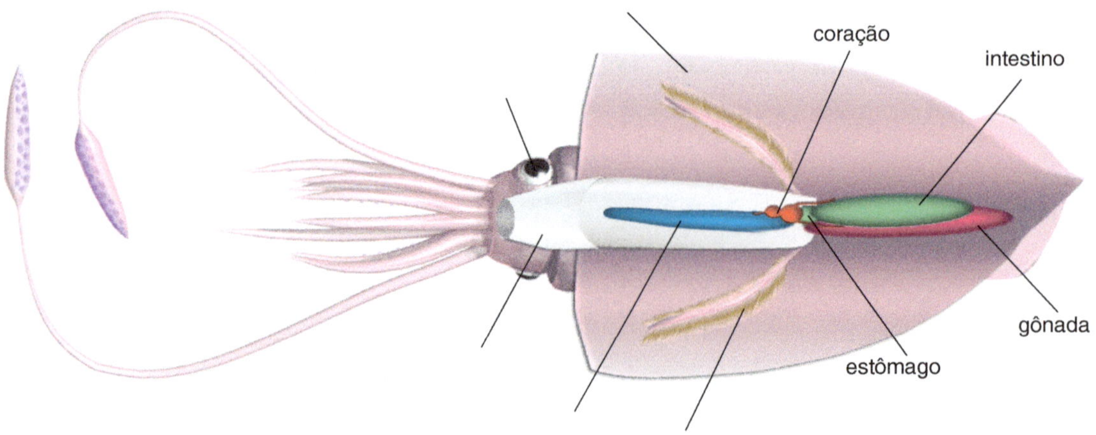

ATIVIDADE 2

PROCEDIMENTO

1. Comparar externamente os exemplares de lula e polvo.
2. Observar o bico córneo a olho nu e a rádula na lupa.

RESULTADOS E CONCLUSÃO

1. Preencher a tabela abaixo:

Características	Polvo	Lula
Número de tentáculos		
Forma do manto		
Presença do sifão		
Presença de concha		
Presença de glândula de tinta		

2. Esquematizar os materiais observados, indicando suas funções:

MATERIAL 1 – Bico córneo

Função:____________________________

MATERIAL 2 – Rádula

Função:____________________________

ATIVIDADE 3

PROCEDIMENTO

1. Observar os exemplares de conchas de moluscos.
2. Separar as conchas pertencentes a gastrópodes das de bivalves.

RESULTADOS E CONCLUSÃO

Preencher a tabela abaixo.

Características	Gastrópode	Bivalve
Número de valvas		
Forma da concha		
Presença de linhas de crescimento		
Presença de cicatriz dos músculos		

ARTRÓPODES

Aula 8

INTRODUÇÃO: Todos os artrópodes apresentam apêndices articulados e corpo segmentado envolto por um exoesqueleto rígido e quitinoso.

Os tipos e números de apêndices bem como o tipo de segmentação variam entre os grupos e são critérios utilizados para a classificação desses animais nas diferentes classes.

OBJETIVOS

- Identificar as características específicas do filo dos artrópodes.
- Compreender as diferenças estruturais externas que diferenciam os principais grupos de artrópodes.
- Compreender a importância da ecdise no processo de crescimento dos artrópodes.

MATERIAIS

- exemplares e imagens das diferentes classes de artrópodes
- chave dicotômica para a determinação das classes dos artrópodes
- exúvias

ATIVIDADE 1

PROCEDIMENTO

1. Observar atentamente as características externas dos exemplares fixados e das imagens.
2. Com base na chave dicotômica, determinar a que classe de artrópode pertence cada um dos animais.

BRUCE MARLIN/SHUTTERSTOCK

AZURE1/SHUTTERSTOCK

EMILY LI/SHUTTERSTOCK

CAROLINA K. SMITH MD/SHUTTERSTOCK

Chave dicotômica – Artrópodes

1. a) Animais sem antenas e com quatro pares de patas...................... ARACNÍDEOS
b) Animais com antenas.. passe para 2

2. a) Com dois pares de antenas; cinco pares de patas ou mais.......... CRUSTÁCEOS
b) Com um par de antenas .... passe para 3

3. a) Com três pares de patas .... INSETOS
b) Com muitos pares de patas.........................MIRIÁPODE .... passe para 4

4. a) Com 1 par de patas por segmento.. QUILÓPODES
b) Com 2 pares de patas por segmento .... DIPLÓPODES

RESULTADOS

1. Completar a tabela abaixo com o nome popular do artrópode, a classe a que pertence e a característica que foi utilizada para identificar a classe do animal.

Nome popular	Classe	Característica

ATIVIDADE 2

PROCEDIMENTO

1 Observar os exemplares de siris e caranguejos e, utilizando as imagens abaixo, preencher a tabela a seguir.

Siri	Caranguejo
 HELENI STROEDER	 HELENI STROEDER

Características	Siri	Caranguejo
Lateral do corpo		
Último par de pernas		

ATIVIDADE 3

PROCEDIMENTO

1 Observar o material em exposição sobre a bancada: exemplares das cinco classes de artrópodes e algumas exúvias.

CONCLUSÕES

1. Qual é a importância da muda para o artrópode?

____

____

____

____

____

2. Completar a tabela abaixo com as principais características de cada grupo dos artrópodes.

Classe	Divisões do corpo	Número de patas	Número de antenas	Presença de asas
Insetos				
Crustáceos				
Aracnídeos				
Diplópodes				
Quilópodes				

Aula 9

CORDADOS – PEIXES

INTRODUÇÃO: Peixes são animais pertencentes ao filo dos cordados. Os cordados são animais que apresentam em sua fase embrionária a notocorda, eixo que sustenta o corpo do embrião. Nos vertebrados, esse eixo é substituído pela coluna vertebral.

Os peixes formam o primeiro grupo dos vertebrados mandibulados e apresentam diversas adaptações ao ambiente aquático. Os animais da classe dos peixes cartilaginosos ou condrictes apresentam esqueleto inteiramente cartilaginoso, enquanto os pertencentes à classe dos ósseos ou osteíctes possuem esqueleto predominantemente ósseo.

OBJETIVOS

- Analisar a morfologia externa e interna de um peixe ósseo.
- Observar e reconhecer algumas características dos peixes cartilaginosos.

MATERIAIS

- exemplar de peixe ósseo inteiro e de peixe ósseo dissecado
- mandíbula de tubarão
- posta de cação com canal medular

ATIVIDADE 1

PROCEDIMENTO

1. Analisar o material e completar o esquema.

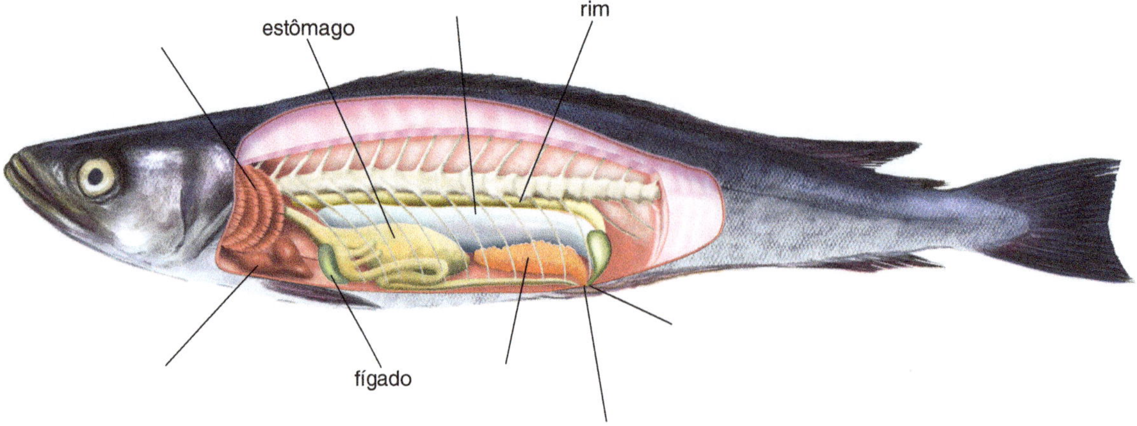

RESULTADOS

1. Completar a tabela.

Órgão/estrutura	Função
Nadadeiras dorsal e anal	
Nadadeira caudal	
Nadadeiras peitorais	
Bexiga natatória	
Linha lateral	
Opérculo	

ATIVIDADE 2

PROCEDIMENTO

1 Analisar uma mandíbula e uma posta de um peixe cartilaginoso. Identificar as estruturas na posta de peixe do esquema abaixo.

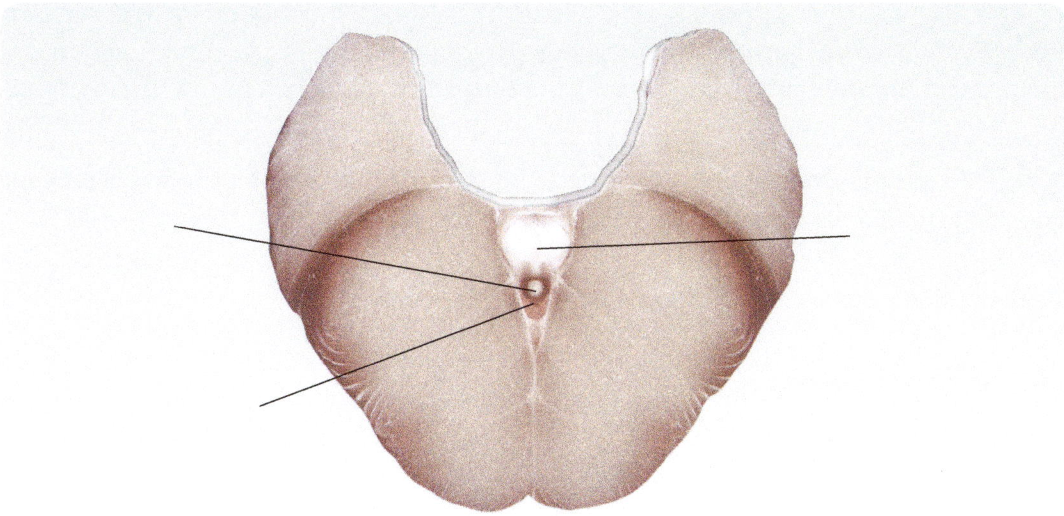

RESULTADOS E CONCLUSÕES

1. Qual é o material que forma a mandíbula e as vértebras observadas?

____

____

2. Descreva a dentição da mandíbula analisada.

____

____

____

____

____

3. Qual(is) a(s) função(ões) da coluna vertebral?

____

____

____

____

PROPRIEDADES DO AR (I)

Aula 10

INTRODUÇÃO: O ar apresenta algumas propriedades como, por exemplo, ter massa e ocupar lugar no espaço. Essas propriedades nos ajudam a perceber sua existência.

OBJETIVO: Reconhecer que o ar é matéria e ocupa lugar no espaço.

MATERIAIS – EXPERIMENTO 1

- 1 balão de festa
- 1 balança

MATERIAIS – EXPERIMENTO 2

- 1 garrafa plástica de 500 mL
- 1 balão de festa

MATERIAIS – EXPERIMENTO 3

- copo plástico
- pedaço de papel
- recipiente fundo com água

PROCEDIMENTO

EXPERIMENTO 1

1. Determinar a massa de um balão vazio e do mesmo balão cheio de ar.
2. Anotar.

EXPERIMENTO 2

1. Soprar e tentar encher o balão inicialmente fora da garrafa e depois dentro da garrafa, conforme esquema ao lado.

DAWIDSON FRANÇA/acervo da editora

EXPERIMENTO 3

1. Amassar o papel e colocar no fundo do copo.
2. Emborcar o copo no recipiente com água.
3. Tirar o copo da água na posição vertical.
4. Observar como está o papel.
5. Fazer um furo pequeno no fundo do copo e emborcar novamente no recipiente com água e observar o que acontece.

RESULTADOS E CONCLUSÕES

1. Massa do balão vazio: ______________________________

Massa do balão cheio: ______________________________

2. Por que é impossível encher o balão dentro da garrafa?

____

____

____

____

3. Explique a diferença nos resultados do Experimento 3.

____

____

____

____

4. Quais foram as propriedades do ar observadas em cada experimento?

Experimento 1 ▶ ______________________________

Experimento 2 ▶ ______________________________

Experimento 3 ▶ ______________________________

PROPRIEDADES DO AR (II)

Aula 11

INTRODUÇÃO: Além de ocupar lugar no espaço e exercer pressão, o ar pode sofrer compressão ou expansão e depois retornar ao estado em que estava.

OBJETIVOS

- Perceber que o ar ocupa lugar no espaço e exerce pressão.
- Visualizar as propriedades de expansibilidade, elasticidade e compressibilidade.

MATERIAIS – EXPERIMENTO 1

- 1 garrafa plástica (pet) de 2 litros vazia, sem tampa
- 1 canudo plástico
- massa de modelar ou cola quente
- 1 balão de festa ou saquinho plástico pequeno
- 1 funil
- água
- fita adesiva

MATERIAIS – EXPERIMENTO 2

- uma seringa descartável, sem agulha

PROCEDIMENTO

EXPERIMENTO 1

1. Fazer um orifício na lateral da garrafa de tamanho suficiente para encaixar o canudo.
2. Colocar o saquinho plástico em uma das extremidades do canudo e prender com fita adesiva.
3. Encaixar a outra extremidade do canudo na garrafa e vedar o encaixe com massa de modelar ou cola quente conforme figura ao lado.
4. Colocar o funil na boca da garrafa e vedar os espaços com massa de modelar.
5. Despejar a água no funil de forma que o funil fique cheio, mas sem transbordar.
6. Observar o que acontece com o saquinho plástico.

HELENI STROEDER

EXPERIMENTO 2

1. Segurar a seringa com uma das mãos e puxar o êmbolo com a outra o máximo que puder, sem que este saia da seringa.
2. Empurrar o êmbolo de volta.
3. Repetir o procedimento, mas desta vez tampar com o dedo a ponta da seringa antes de empurrar o êmbolo de volta, impedindo que o ar saia.
4. Sem liberar a saída de ar, soltar o êmbolo. Observar.
5. Voltar para a posição inicial.
6. Com a seringa destampada, colocar o êmbolo no meio da seringa.
7. Tampar com o dedo a ponta da seringa e puxar o êmbolo o máximo que puder. Soltar o êmbolo. Observar.

RESULTADOS E CONCLUSÕES

1. O que você observou ao despejar água no funil? Explique.

____

____

____

____

2. Esquematize como estariam distribuídas as moléculas do ar dentro da seringa em cada situação do Experimento 2.

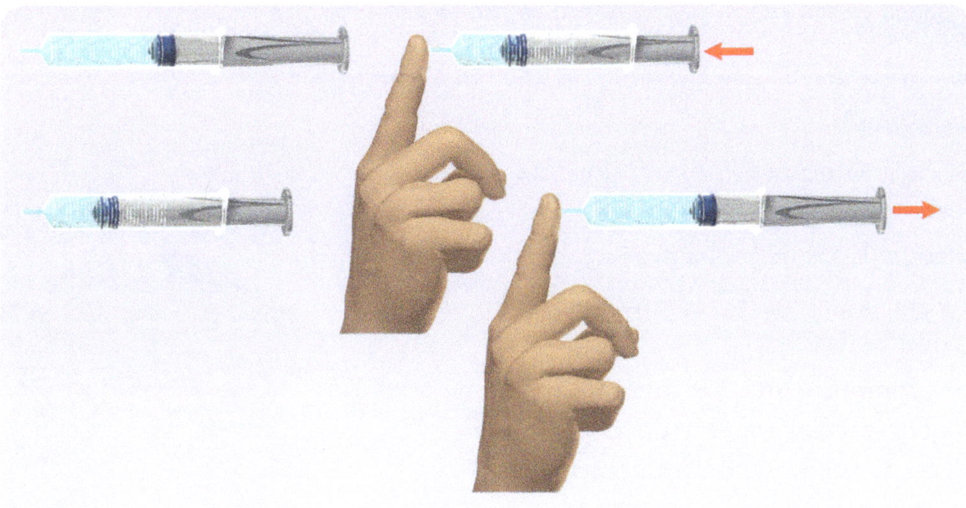

DAWIDSON FRANÇA/acervo da editora

3. Quais foram as propriedades do ar observadas em cada experimento?

Experimento 1 ► ______________________________

Experimento 2 ► ______________________________

PROPRIEDADES DO AR (III)

Aula 12

INTRODUÇÃO: Resistência do ar é a força que o ar exerce sobre um objeto em movimento e é contrária ao sentido daquele movimento. O ar oferece, portanto, resistência ao movimento.

OBJETIVO: Comprovar que o ar oferece resistência ao movimento.

MATERIAIS – EXPERIMENTO 1

- 2 pedaços quadrados de saco plástico (de áreas diferentes)
- barbante
- massa de modelar
- tesoura de pontas arredondadas
- fita adesiva

MATERIAIS – EXPERIMENTO 2

- papel
- tesoura

PROCEDIMENTO

EXPERIMENTO 1

1. Em duplas, cada aluno fica com um dos quadrados de saco plástico.
2. Cortar quatro pedaços de barbante.
3. Fixar cada um deles, com fita adesiva, em um dos cantos do plástico.
4. Comparar o comprimento dos quatro fios e cortar qualquer excesso, a fim de deixá-los exatamente com o mesmo comprimento.
5. Usar uma bolinha de massa de modelar para juntar as quatro pontas soltas dos fios, conforme figura ao lado.

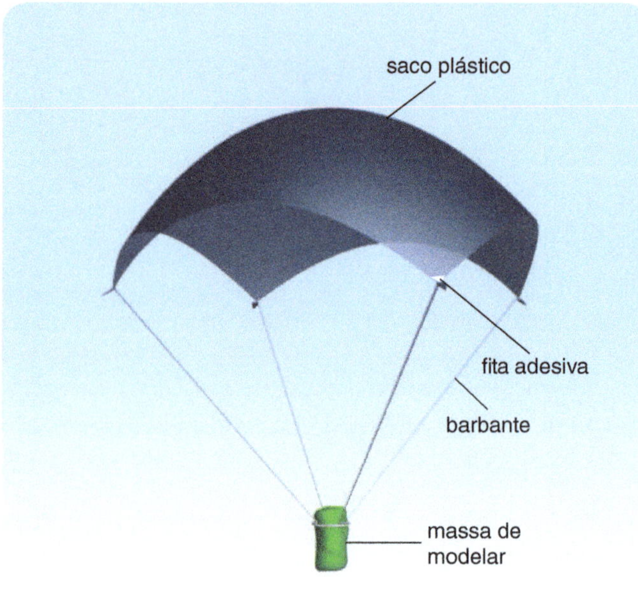

DAWIDSON FRANÇA/acervo da editora

6. Soltar os dois paraquedas ao mesmo tempo.
7. Comparar seu desempenho.

EXPERIMENTO 2

1. Construir dois aviõezinhos diferentes.
2. Lançar os aviões.
3. Comparar o desempenho dos aviões, testando o efeito de diferentes dobras feitas, sobretudo na parte anterior do corpo do avião.

Exemplos de construção de um avião de papel:

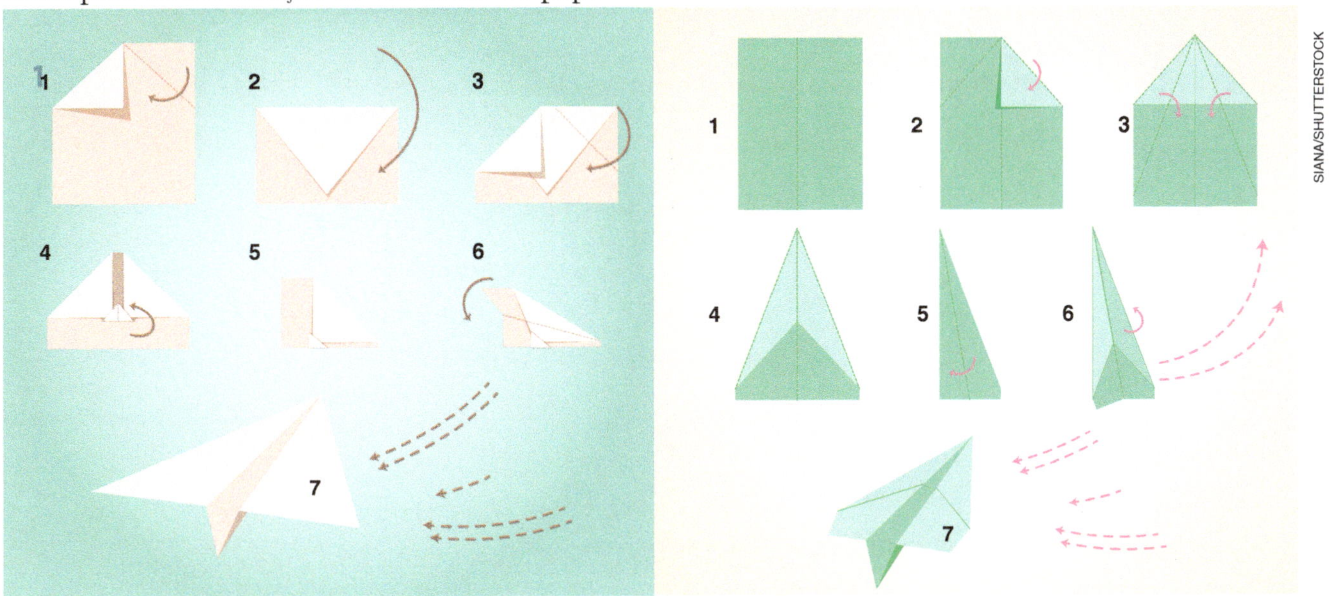

RESULTADOS E CONCLUSÕES

1. O que podemos concluir com relação à eficiência dos paraquedas?

____

____

____

____

2. Aponte outras situações em que observamos a interferência da resistência do ar.

____

____

____

____

EFEITO ESTUFA

Aula 13

INTRODUÇÃO: Efeito estufa é o nome dado ao fenômeno natural que ajuda a manter estável a temperatura do nosso planeta, permitindo a vida na Terra da maneira como a conhecemos.

OBJETIVO: Perceber como funciona o efeito estufa.

MATERIAIS

- dois béqueres com 50 mL de água cada um
- duas caixas de papelão
- filme plástico
- papel alumínio
- luminária
- termômetro

PROCEDIMENTO

1. Forrar o interior das caixas com papel alumínio.
2. Colocar um béquer em cada caixa conforme a Figura 1.
3. Medir a temperatura da água dos dois béqueres.
4. Tampar uma caixa com filme plástico.
5. Colocar as caixas próximas à luminária acesa, conforme a Figura 2.
6. Aguardar quinze minutos.
7. Comparar a temperatura da água nos dois béqueres utilizando o termômetro.

LUCIANA BARÃO ACUÑA

Figura 1

LUCIANA BARÃO ACUÑA

Figura 2

RESULTADOS

	Temperatura inicial da água	Temperatura final da água
Béquer na caixa tampada		
Béquer na caixa destampada		

CONCLUSÕES

1. Explique o porquê da diferença observada na variação da temperatura da água dos dois béqueres.

____

____

____

2. O que cada material utilizado no experimento representa quando comparado aos fatores ambientais relacionados ao efeito estufa?

Material	Fator ambiental
Luminária	
Filme plástico	
Papel alumínio	

3. Que adaptação(ões) poderíamos fazer nesse experimento para tentar representar o aquecimento global?

____

____

____

4. Faça um esquema que represente a intensificação do efeito estufa.

GRANDEZAS E MEDIDAS

Aula 14

INTRODUÇÃO: Grandeza física é tudo aquilo que pode ser medido com algum tipo de instrumento. Para cada grandeza física usamos uma unidade de medida adequada, que é uma quantidade específica da grandeza que serve de padrão para futuras comparações.

OBJETIVOS

- Compreender os conceitos de "grandeza física", "medida" e "unidade de medida".
- Identificar os instrumentos e as unidades de medidas adequadas para cada tipo ou objeto de medição.

MATERIAIS

- trena
- régua
- cronômetro
- relógio
- tubo com óleo e esfera metálica
- balança
- pacote de cascalho
- brinquedo pica-pau
- haste metálica
- dinamômetro
- termômetro

PROCEDIMENTO

1. Escolher o instrumento de medição, que o grupo considerar o mais adequado, para fazer as medidas listadas na página seguinte.
2. Anotar os valores na tabela.

Medidas

1. Comprimento da haste metálica.
2. Tempo de descida da esfera dentro do tubo com óleo.
3. Tempo de descida do pássaro de brinquedo entre as posições 5 cm e 15 cm.
4. Massa do pacote de cascalho.
5. Peso do pacote de cascalho.
6. Temperatura de um dos integrantes do grupo.

RESULTADOS

Objeto	Grandeza	Medida (valor numérico)	Unidade (fornecida pelo instrumento)	Instrumento
Haste metálica				
Esfera				
Passarinho				
Pacote de cascalho				
Corpo humano				

CONCLUSÃO

O que é medir uma grandeza física?

PROPAGAÇÃO DE CALOR

Aula 15

INTRODUÇÃO: A propagação de calor se dá entre dois corpos com temperaturas diferentes, sempre no sentido do de maior temperatura para o de menor temperatura e pode ocorrer de três formas. Quando a propagação de calor se dá através das moléculas do meio, por meio do contato entre os corpos, é chamada de **condução**. Quando essa propagação se dá pelo deslocamento de massas de fluidos (gases ou líquidos) é chamada de **convecção**. E quando ela se dá por meio de ondas eletromagnéticas é chamada de **irradiação**.

OBJETIVO: Conhecer as diferentes formas de propagação de calor.

MATERIAIS

- suporte universal
- vela
- lâmpada incandescente
- béquer de 500 mL
- haste metálica
- caixa de fósforo
- aquecedor elétrico
- permanganato de potássio
- 3 tachinhas
- soquete
- 3 termômetros

EXPERIMENTO 1

PROCEDIMENTO

1. Prender com parafina derretida três tachinhas na haste metálica, conforme ilustração ao lado.
2. Fixar a haste no suporte universal.
3. Acender a vela bem próxima à ponta da haste metálica, conforme esquema abaixo.

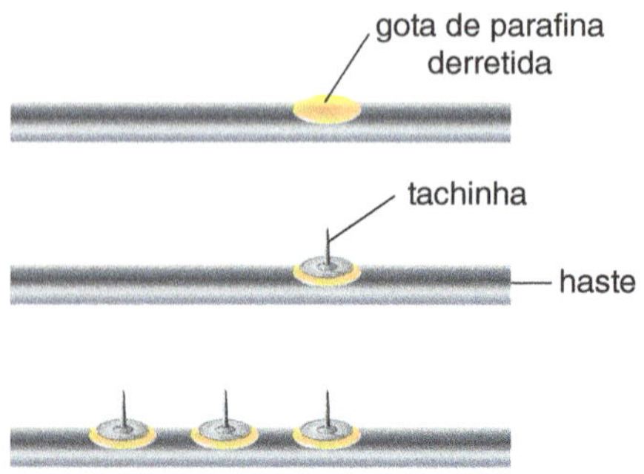

Preparação da haste metálica.

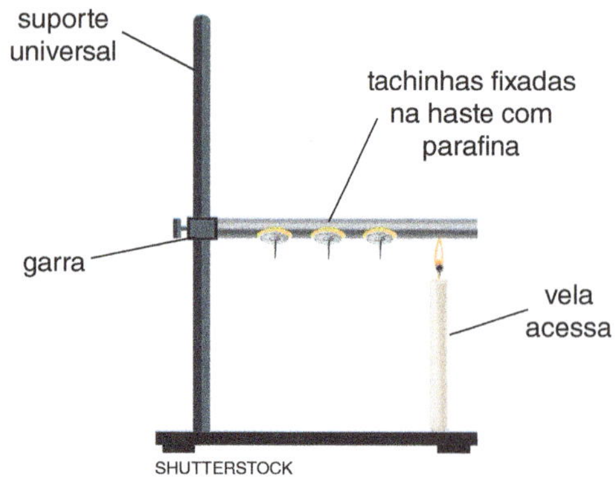

Montagem do experimento.

RESULTADOS E CONCLUSÕES

1. Explique o que acontece com as tachinhas.

____

____

____

____

2. Qual forma de propagação de calor é predominante nesse experimento?

____

EXPERIMENTO 2

PROCEDIMENTO

1 Conectar a lâmpada incandescente no soquete e este na tomada.
2 Posicionar os termômetros: um a 5 cm de distância, outro a 10 cm e o terceiro a 15 cm da lâmpada.
3 Anotar na tabela a seguir as temperaturas indicadas nos termômetros com o decorrer do tempo.

	TEMPERATURA (°C)						
	Inicial	Após 1 min	Após 2 min	Após 3 min	Após 4 min	Após 5 min	Após 6 min
Termômetro 1 (5 cm)							
Termômetro 2 (10 cm)							
Termômetro 3 (15 cm)							

RESULTADOS E CONCLUSÕES

1. Compare o que ocorreu com as temperaturas dos três termômetros.

____

____

____

____

____

2. Qual é a forma predominante de propagação de calor envolvida nesse experimento?

EXPERIMENTO 3

PROCEDIMENTO

1. Aquecer 400 mL de água em um béquer.
2. Com o aquecedor elétrico ligado, adicionar um pouco de permanganato de potássio no fundo do béquer e observar.

RESULTADOS E CONCLUSÕES

1. O que ocorreu com o permanganato?

2. Qual é a forma predominante de propagação de calor envolvida nesse experimento?

3. Complete a tabela abaixo indicando as formas de propagação de calor e respectivos meios de propagação.

Forma de propagação de calor	Meios de propagação

Aula 16

MÁQUINAS SIMPLES (I): ALAVANCAS

INTRODUÇÃO: Alavanca é um tipo de máquina simples que consiste em uma barra rígida que se movimenta em torno de um ponto fixo. Sua função é facilitar a execução de um trabalho, multiplicando a força aplicada sobre ela. As alavancas são classificadas em: interfixa, inter-resistente e interpotente.

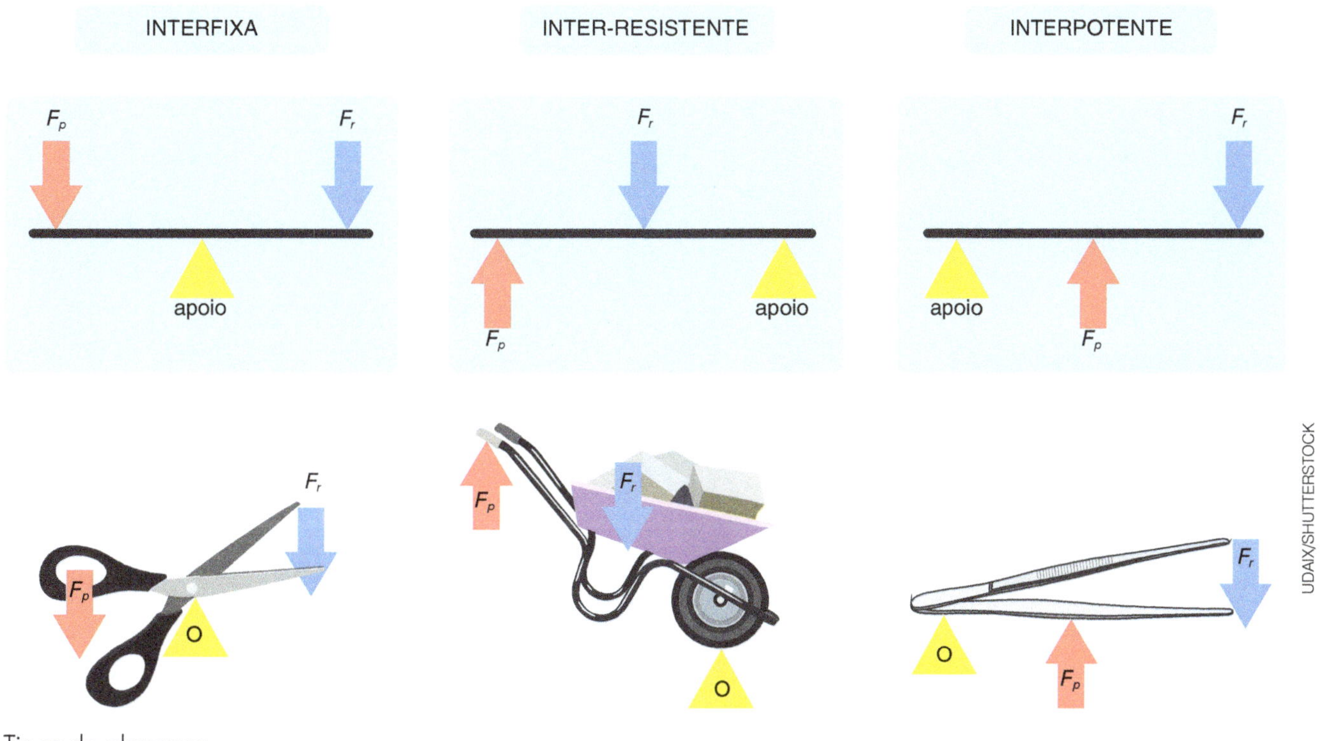

Tipos de alavanca.

OBJETIVOS

- Reconhecer os elementos de uma alavanca.
- Compreender o funcionamento de uma alavanca e classificar alguns utensílios nos diferentes tipos dessa máquina simples.
- Compreender a lei das alavancas.

MATERIAIS

- régua plástica ou de madeira (50 cm)
- pedaço de madeira para ponto de apoio

- objetos de diferentes massas
- diferentes utensílios do dia a dia: pinça, espremedor de limão, abridor de lata, martelo, grampeador, pregador de roupas, tesoura.

PROCEDIMENTO

ATIVIDADE 1

1. Analisar cada um dos utensílios disponíveis na bancada.
2. Determinar o tipo de alavanca que cada um dos utensílios analisados representa.
3. Preencher a tabela a seguir.

RESULTADO

Complete a tabela.

Utensílio analisado	Tipo de alavanca

EXPERIMENTO 2

1. Posicionar o apoio abaixo da régua na metade do seu comprimento.
2. Selecionar dois objetos que possuam a mesma massa e colocar cada um deles em uma das extremidades da régua.
3. Observar se a alavanca está em equilíbrio e esquematizar, a seguir, o resultado (situação 1).
4. Equilibrar a alavanca utilizando dois objetos que apresentem diferentes massas, cada um deles posicionado em uma das extremidades da régua. Esquematizar, a seguir, o resultado (situação 2) e indicar a posição do ponto fixo, da força potente e da força resistente.

RESULTADOS E CONCLUSÕES

1. Esquematizar as alavancas.

Situação 1	Situação 2

2. Qual é a relação entre as forças (potente e resistente) e o comprimento dos braços (de potência e de resistência) na alavanca esquematizada na situação 2?

MÁQUINAS SIMPLES (II): ROLDANAS OU POLIAS

Aula 17

INTRODUÇÃO: Roldanas ou polias são máquinas simples formadas por uma ou mais rodas, que giram em torno de um eixo central e possuem um sulco por onde pode passar uma corda ou um cabo. Esse tipo de máquina simples tanto pode mudar a direção e sentido quanto a intensidade da força necessária para erguer um objeto. Há dois tipos de polias: a *polia fixa* que apenas altera o sentido e direção da força, tornando a execução de um trabalho mais cômoda, e a *polia móvel*, que reduz a força necessária para erguer algum objeto.

roldana fixa

roldana móvel

FOUAD A. SAAD/SHUTTERSTOCK

OBJETIVOS

- Compreender o funcionamento da polia fixa e da polia móvel e suas funções.
- Montar diferentes tipos de polias.

MATERIAIS

- suportes metálicos retangulares
- polia fixa e polias móveis
- corda
- pesos metálicos com gancho, de massas diferentes
- carretéis
- barbante ou fio de *nylon*

PROCEDIMENTO

EXPERIMENTO 1

1. Posicionar dois pesos iguais, um em cada uma das extremidades da corda que está presa na polia fixa.

2 Observar o que ocorre com a posição dos dois pesos nessa primeira situação.

3 Retirar um dos pesos e substituí-lo por outro de massa diferente.

4 Observar o que ocorre nessa segunda situação.

RESULTADOS E CONCLUSÕES

1. Esquematize o que ocorreu com os pesos nas duas situações observadas.

Primeira situação	Segunda situação

2. Qual é a função e vantagem de utilizarmos uma polia fixa para erguer um objeto?

PROCEDIMENTO

EXPERIMENTO 2

1 Posicionar dois pesos, de massas iguais, um em cada uma das extremidades da corda que passa pelo sistema de polias móveis.

2 Observar o que ocorre com os pesos.

3 Substituir um dos pesos por outro de massa maior.

CONCLUSÃO

1. Explique como um sistema de polias móveis poderia contribuir para o levantamento de um objeto de grande massa.

EXPERIMENTO 3

1 Utilizar os carretéis, barbante e os suportes metálicos para montar uma polia fixa e uma polia móvel, conforme os modelos apresentados.

MÁQUINAS SIMPLES (III): PLANO INCLINADO

Aula 18

INTRODUÇÃO: Plano inclinado consiste em uma superfície plana cujas extremidades estão posicionadas em alturas diferentes. Ele é utilizado para facilitar determinadas tarefas, como diminuir a força necessária para locomover um objeto para um ponto mais alto, ou diminuir a força necessária para cortar ou perfurar objetos, como pode ser observado na utilização de cunhas e parafusos.

OBJETIVOS

- Compreender como o plano inclinado pode facilitar o deslocamento de um objeto e relacionar esse fato com os diferentes ângulos de inclinação do plano inclinado.
- Compreender que a rosca do parafuso é um plano inclinado e a relação entre o ângulo desse plano e o avanço do parafuso.

MATERIAIS

- 2 pranchas de madeira
- dinamômetro
- apoio de madeira
- pesos
- transferidor
- planos inclinados de E.V.A. de diferentes ângulos

PROCEDIMENTO

EXPERIMENTO 1

1. Prender o dinamômetro, utilizando um gancho, em uma das extremidades do peso.
2. Posicionar a extremidade da tábua sobre o apoio de madeira.
3. Medir o ângulo entre a superfície plana e a tábua inclinada, utilizando o transferidor. Anotar a medida na tabela dos resultados a seguir.
4. Puxar o dinamômetro, preso ao peso, subindo pelo plano inclinado.
5. Anotar a medida da força determinada pelo dinamômetro na tabela dos resultados.
6. Repetir os procedimentos anteriores, aumentando a inclinação da rampa.

RESULTADOS E CONCLUSÕES

1. Preencha a tabela a seguir com os dados coletados no experimento 1.

Ângulo de inclinação	Força

2. Qual é a relação entre a inclinação da tábua e a força medida pelo dinamômetro?

____

____

____

____

____

3. Como o plano inclinado poderia contribuir para a execução de um trabalho?

____

____

____

____

____

EXPERIMENTO 2

1. Medir o ângulo de cada um dos planos inclinados de E.V.A.
2. Medir o comprimento do plano inclinado.
3. Enrolar o plano inclinado formando a rosca de um parafuso.
4. Medir o comprimento do passo do parafuso em cada caso.

RESULTADOS E CONCLUSÕES

1. Preencha a tabela com os dados obtidos no experimento 2.

Ângulo	Comprimento do plano inclinado	Comprimento do passo

2. Qual é a relação entre o ângulo e o comprimento do plano inclinado?

____

____

____

3. Qual é a relação entre ângulo do plano inclinado, passo, força e avanço do parafuso?

____

____

____

____

Anexo 1 BIOMAS BRASILEIROS – CARACTERÍSTICAS

Bioma 1

Plantas adaptadas a condições de elevada umidade.

Temperaturas elevadas e alta incidência de chuvas.

Vegetação densa e distribuída por vários estratos em solos rasos.

Animais de diversas espécies como macacos, bichos-preguiça, inúmeras aves e insetos

Bioma 2

Temperaturas elevadas, ventos intensos e chuvas escassas.

Solo rico em nutrientes minerais, porém falta água.

Vegetais típicos são cactáceas, umbuzeiro, juazeiro.

Animais como jaguatirica, gavião, carcará, serpentes e lagartos.

Bioma 3

Longo período de seca seguido de um período chuvoso.

Solo pobre.

Vegetação com árvores esparsas, de caule retorcido e casca espessa.

Animais típicos como formigas, lobos-guará, tamanduás-bandeira e tatus.

Bioma 4

Vegetação exuberante, com árvores de grande porte.

Grande umidade e temperaturas médias elevadas.

Vegetais típicos são o pau-brasil, jacarandá-da-baía, manacá-da-serra e ipê-roxo.

Animais deste bioma são o mico-leão-dourado, onça-pintada, tucano e sabiá.

Bioma 5

Distribuição irregular de chuvas.

Presença de estações do ano bem demarcadas.

Vegetação tipicamente rasteira e em alguns pontos pequenas matas (capões).

Animais típicos são tatu, cachorro-do-mato e coruja-buraqueira.

Bioma 6

Maior planície alagável do mundo.

Alterna épocas de vazante e cheia.

Vegetais típicos são o jenipapo, palmeira-carandá e ingá.

Animais característicos são macaco bugio, garça, anta e jacaré-de-papo-amarelo, entre outras.

Bioma 7

Popularmente chamada "costa" ou litoral onde estão os manguezais, dunas e restingas.

Vegetação dos manguezais inclui três espécies de árvores de pequeno tamanho, a de dunas é rasteira e a de restinga pode ser representada pelo araçá-da-praia.

Animais típicos do mangue são os caranguejos.

BIOMAS BRASILEIROS – IMAGENS

PEDRO HELDER PINHEIRO/SHUTTERSTOCK

UWE BERGWITZ/SHUTTERSTOCK

ANDREMARINST/SHUTTERSTOCK

TUPUNGATO/SHUTTERSTOCK

CASSANDRA CURY/SHUTTERSTOCK

GUSTAVO FRAZAO/SHUTTERSTOCK

FOTO 4440/SHUTTERSTOCK

L

JESS KRAFT/SHUTTERSTOCK
J

H

M

FILIPE FRAZAO/SHUTTERSTOCK
K

JO CREBBIN/SHUTTERSTOCK
I

N